KB199435

하루 10분, 고요하게 읽는 삶의 본질

『월든』에서 건져 올린 삶의 문장들

헨리 데이비드 소로 원저 / 제이한(J.Han) 지음

하루 10분, 고요하게 읽는 삶의 본질

『월든』에서 건져 올린
삶의 문장들

헨리 데이비드 소로 원저 / 제이한(J.Han) 지음

Henry D. Thoreau

리프레시

하루 10분, 고요하게 읽는 삶의 본질
월든에서 건져올린 삶의 문장들

초판 1쇄 발행   2025년 5월 23일

원저   헨리 데이비드 소로
지은이   제이한 (J. Han)
발행인   박용범
펴낸곳   리프레시

출판등록   제 2015-000024호 (2015년 11월 19일)
주소   경기 의정부시 서광로 135, 405호
전화   031-876-9574
팩스   031-879-9574
이메일   mydtp@naver.com

편집책임   박용범
디자인   리프레시 디자인팀
마케팅   JH커뮤니케이션

ISBN 979-11-992340-2-4 (13190)

🌄 목 차

삶이란 무엇인가,
단 하나의 문장을 찾아 걷는 여정

우리는 모두 어디론가 향해 가고 있습니다. 그 길이 어디로 가는지 알지 못한 채, 그저 익숙한 속도에 몸을 맡긴 채 걷고 있죠.

'지금 내가 어디쯤 와 있는 걸까?'

'이 길은 내가 선택한 걸까, 아니면 떠밀려 온 걸까?'

이 책은 바로 그 질문에서 시작되었습니다.

소로는 말합니다.

"삶은 실험이고, 그 실험은 매일매일 반복된다."

그는 자연 속에서 작고 단순한 삶을 살아보았고, 그 안에서 '더 많이'가 아닌 '더 깊이' 살아가는 길을 찾으려 했습니다.

『월든』은 그 여정을 기록한 책입니다. 하지만 이 책은 그 고전을 그대로 풀어내는 해설이 아닙니다. 우리가 지금 이 시대를 살아가는 사람으로서 소로의 말에서 스스로의 삶을 되묻는 방식으로 엮어보았습니다.

하루 10분, 소로의 한 문장을 곱씹어보고, 그에 기대어 나의 삶을 비추고, 지금 이대로도 괜찮은 하루를 살아보는 것.

그런 조용한 실천이 어쩌면 인생의 방향을 조금 바꾸는 작은 계기가 될 수 있으리라 믿습니다.

우리는 때때로 '더 멀리 가는 것'이 아니라 '지금 여기에 멈춰 서보는 일'이 더 큰 용기일 수 있다는 걸 잊곤 합니다.

지금, 당신의 삶이 아주 조용히 다시 시작될 수 있기를 바라며…

1부

삶의 본질에
눈뜨다

죽기 전에 진짜 살아보고 싶었다
조용한 절망 속에 살아가는 사람들
단순화하라. 다시 단순화하라
놓아줄수록 더 부유해진다
나는 고독만큼 친근한 친구를 본 적이 없다

덜어내고, 낯설게 바라보는 용기

우리는 어느 날 문득 깨닫습니다. 지금의 삶이 마치 누군가의 설계도처럼 흘러가고 있는게 아닌가 하는… 무언가를 바꾸기 위해선 먼저 '지금 여기를 다시 보는 일'이 필요합니다.

소로는 자연으로 떠났고, 그곳에서 가장 먼저 한 일은 자기 삶을 낯설게 바라보는 것이었습니다. 너무 익숙해서 묻어버렸던 감정들, 무의식처럼 반복되던 일상들, 갖고 있지만 사실은 원하지 않았던 것들…

이 첫 번째 여정은 덜어냄과 정직하게 바라보는 시간입니다. 우리는 지금, 삶의 본질에 다시 눈을 뜨려 합니다.

PART 1

죽기 전에 진짜 살아보고 싶었다

(숲으로 간 이유)

📖 숲에서 들려주는 한 문장

"I went to the woods because I wished to live deliberately, to front only the essential facts of life, and see if I could not learn what it had to teach, and not, when I came to die, discover that I had not lived."

"나는 삶의 본질적인 사실들과 마주하기 위해 숲으로 들어갔다. 삶이 정말로 무엇인지 배우고 싶었기 때문이다. 삶이 삶이 아니라고 알게 된다면, 죽을 때 그것을 알게 되는 일이 없도록 말이다."

📻 한 걸음 더 다가가기

1845년, 소로는 문명에서 한 발짝 물러나 월든 호숫가로 향했다. 그는 직접 오두막을 짓고, 스스로 식량을 마련하며 살아보기로 결심한다.

그 이유는 단 하나.

"나는 진짜 삶이 무엇인지 알고 싶었다."

소로는 어느 날 갑자기 숲으로 들어간 게 아니다.

그는 한 가지 질문을 품고 삶의 방향을 조금씩, 그러나 단호하게 바꾸었다.

'삶은 정말 이대로 괜찮은가?'

도시의 소음, 반복되는 일상, 남의 시선을 따라가는 습관 속에서 그는 자신이 살아 있는지조차 모른 채 살아가고 있었다.

그래서 문명과 거리를 두기로 했다.

스스로 집을 짓고, 음식을 마련하고, 시계 없이 시간을 보내기 위해 월든 호숫가로 들어갔다.

그에게 숲은 은둔의 공간이 아니었다.

그곳은 삶을 실험해보기 위한 실험실이었다.

거기서 단순함을 선택했고, 고요를 받아들였으며,

무엇보다 의식적으로 살아가는 법을 배우고자 했다.

그가 원한 건 '진짜 삶'이었다.

사람들이 너무 늦게서야 깨닫는,

"이건 내가 원했던 삶이 아니었다"라는 후회를 자기 손으로 미리 막고자 했던 것이다.

📜 월든 속으로 한 걸음 더

I wanted to live deep and suck out all the marrow of life, to live so sturdily and Spartan-like as to put to rout all that was not life, to cut a broad swath and shave close, to drive life into a corner, and reduce it to its lowest terms…

나는 삶의 골수를 빨아들일 만큼 깊이 살고 싶었다. 삶이 아닌 모든 것을 몰아내고, 강건한 스파르타인처럼 단단하게 살아내며, 넓게 베어내고, 바짝 깎아내고, 삶을 구석으로 몰아넣어 그 본질만 남기고 싶었다…

💡 소로의 말에 머물며

소로에게 중요한 것은 단순한 생존이 아니었다.
그는 '그냥 살아 있다'는 상태와 '살고 있다'는
감각 사이의 간극을 꿰뚫어 보았다.
그래서 그는 스스로에게 질문했다.
"나는 지금 진짜로 살아 있는가?"

∴ 지금 당신에게 묻는다면

지금, 스스로 선택한 삶을 살고 있는가?

소로는 '살아지는 삶'이 아니라 '살아가는 삶'을 택했다. 삶을 주도하는 존재가 되기 위해, 그는 스스로 길을 만들었다.

삶에서 정말 본질적인 것은 무엇인가?

그는 불필요한 것을 덜어내야 핵심이 드러난다고 믿었다. 단순함은 삶의 깊이를 키우는 방식이었다.

무엇을 위해 이토록 바쁘게 움직이고 있는가?

그는 일에 맞춰 삶을 끌고 가지 않았다. 삶에 맞게 일을 고르고자 했다. 삶은 도구가 아니라 목적이었다.

🌿 소로에게 배우는 작은 용기

하루 10분, 고요 속에 앉아보기

소로는 고요함 속에서 비로소 진짜 자신과 마주했다고 말했다. 그 시간은 생각이 자라나는 침묵의 공간이었다.

일정, 소비, 인간관계 중 하나를 덜어보기

"단순화하라. 다시 단순화하라."

그가 가장 자주 되뇌던 말이다.

무엇을 덜어낼 지 아는 사람이 진짜로 채울 수 있다.

중요한 결정을 앞두고 이 질문을 던져보기

"지금 내가 하려는 이 선택은, 정말 나의 삶과 연결되어 있는가?"

질문 하나가 삶의 방향 전체를 바꿀 수 있다.

✦ 내 안에 새겨진 한 문장

"죽기 전에 진짜 살아보고 싶었다."

PART 2

조용한 절망 속에 살아가는 사람들
(일상의 무감각을 깨닫기 위하여)

📖 숲에서 들려주는 한 문장

*"The mass of men lead lives of quiet
desperation. Even their amusements
are tinged with unconscious despair.
I want to live deep and suck out all the
marrow of life."*

"대부분의 사람들은 조용한 절망 속에서 살아간다.
사람들은 오락이라 부르는 것들 속에서도 무의식적인
절망을 감추고 있다. 나는 삶의 골수를 빨아들이듯,
깊이 살고 싶었다."

🪨 한 걸음 더 다가가기

소로는 말한다.

"사람들은 겉으로는 평온해 보여도, 마음속에는 절망을 안고 살아간다."

그가 보기에 그 절망은 갑자기 오는 것이 아니라,

매일 반복되는 무의식적인 일상에서 조용히 스며드는 것이었다.

바깥은 평온해 보이지만,

그 안에서는 쉼 없이 흔들리는 사람들이 있다.

겉으로는 괜찮아 보이고, 별일 없어 보이지만

마음 깊은 곳에는 설명하기 어려운 **공허와 체념**이 가라앉아 있다.

소로는 그것을 '조용한 절망'이라 불렀다.
크게 소리 내어 울지도 못하고, 무언가 잘못됐다는 감각조차 무뎌진 상태.
그것은 단지 감정의 문제만은 아니다.

삶이 나를 움직이는 게 아니라,
내가 삶을 끌고 가고 있다는 감각.
그것이 사라질 때 사람은 천천히 무너진다.

소로는 묻는다.
"지금 이 삶이 정말 내가 원하는 것인가?"

그리고 답한다.
"그렇지 않다면, 우리는 다시 시작해야 한다."

📜 월든 속으로 한 걸음 더 가까이

A stereotyped but unconscious despair is concealed even under what are called the games and amusements of mankind.

사람들은 '오락'이라 부르는 것들 속에서도 틀에 박힌 무의식적인 절망을 감추고 있다.

💡 소로의 말에 머물며

소로는 단순히 우울감이나 실패를 말한 것이 아니었다. '괜찮은 척 살아가는 태도 자체'가 절망일 수 있다는 걸 경고한 것이다.

우리는 너무 자주 묻지도 따지지도 않고 그저 사람들처럼, 시키는 대로, 계획된 대로 움직인다.

그가 말한 '조용한 절망'은 목표 없는 일상과 삶을 잃어버린 반복의 구조 속에서 탄생한다.

💬 지금 당신에게 묻는다면

지금, 조용한 절망 속에 머물고 있지는 않은가?

소로는 삶의 안쪽에서 울리는 목소리에 귀 기울이려 했다. 겉이 고요할수록, 안쪽은 더 조용히 절망하고 있을 수 있다.

무엇을 위해 이 일상을 반복하고 있는가?

그는 스스로에게 질문을 멈추지 않았다.
질문 없는 삶은 그 자체로 현실에 길들여진 절망이라고 믿었다.

언제부터 '이게 당연한 거지'에 무뎌졌는가?

소로는 당연한 것처럼 보이는 모든 삶의 전제를 뒤집어보려 했다. 새로운 삶은 질문 하나에서 시작된다고 그는 믿었다.

🌿 소로에게 배우는 작은 용기

'괜찮은 척'을 멈추고, 지금의 감정을 말해보기

소로는 모든 시작은 정직한 자기 고백에서부터 출발한다고 말했다. "나는 행복하지 않다"는 말조차 용기를 내야한다.

매일 반복되는 일상 속에서 하나의 흐름을 멈춰보기

반복은 의식 없는 삶의 시작이다. 작은 흐름 하나를 멈추는 것만으로도 의식이 깨어날 수 있다.

"나는 왜 이 삶을 살고 있는가?"라는 질문을 다섯 번 반복해보기

소로는 '질문'이라는 도끼로 일상의 껍질을 쪼개고자 했다. 그 도끼는 누구나 스스로 쥘 수 있는 도구다.

✨ 내 안에 남겨진 한 문장

"대부분의 사람들은 조용한 절망 속에서 살아간다."

26

PART 3

단순화하라. 다시 단순화하라
(비워낼수록 본질이 드러난다)

📖 숲에서 들려주는 한 문장

"Simplify, simplify. Instead of three meals a day, eat but one; instead of a hundred dishes, five; and reduce other things in proportion."

"단순화하라. 다시 단순화하라.
하루 세 끼가 아닌 한 끼만 먹고, 백 가지 요리 대신 다섯 가지만 두며, 다른 것들도 그에 맞춰 줄여보라."

🪨 한 걸음 더 다가가기

소로는 말한다.

"삶은 사소한 것들에 의해 낭비된다.

그러니 단순하게, 다시 단순하게 살아야 한다."

우리는 많은 것을 가지는 것이 더 나은 삶이라 배워

왔다. 하지만 소로는 그렇게 살아가는 사람들의 삶이

오히려 **더 복잡해지고, 더 멀어지고, 더 피로해진다**

고 보았다.

그는 실험하듯 삶을 줄여나갔다.

불필요한 옷, 장식, 약속, 관계, 감정.

그 모든 것을 내려놓았을 때,

비로소 **'삶이라는 본질'만이 손에 남았다**고 말했다.

단순함은 도피가 아니라 집중이었다.

어수선한 세계에서 단순하게 산다는 건

삶에 대한 기술이자, 스스로를 지키는 방식이었다.

📜 월든 속으로 한 걸음 더

"Our life is frittered away by detail…
Simplicity, simplicity, simplicity!"

우리의 삶은 사소한 것들에 의해 낭비된다…
단순하게, 단순하게, 단순하게 살아라!

💡 소로의 말에 머물며

소로에게 단순함은 단순한 미덕이 아니었다.

그는 **삶의 혼잡함이 스스로를 잃게 만드는 첫 번째**

이유라고 보았다. 덜어낼수록 삶은 선명해졌고,

단순할수록 **가장 중요한 것들이 또렷하게 드러났다.**

무언가를 채우기보다 **비우는 쪽을 먼저 선택하는 삶,**

그것이 소로가 택한 실천이었다.

⠿ 지금 당신에게 묻는다면

얼마나 많은 것들에 둘러싸여 살고 있는가?

소로는 줄이는 삶이 오히려 더 크게 느껴진다고 말한
다. 모든 것은 더 가질 때가 아니라 덜어낼 때 보이기
시작한다.

삶을 어지럽히는 불필요한 것들은 무엇인가?

소로는 장바구니보다 마음속 짐을 먼저 점검하라고
한다. 집 안이 아닌 내 안이 복잡해지는 것부터 정리
하라.

'없어도 괜찮지 않을까?' 생각해 본 적이 있는가?

단순함은 선택이 아니라 생존을 위한 용기다.

그는 매일 그렇게 한 가지씩 내려놓았다.

🌿 소로에게 배우는 작은 용기

한 가지 소비 습관을 끊어보기

소로는 자발적인 불편을 통해 진짜 자유를 배웠다.

불편함 속에서만 보이는 것들이 있다.

일정표에서 한 줄을 과감히 지워보기

그는 바쁨이 아닌 집중 속에서 삶을 느끼고자 했다.

하루에 꼭 필요한 시간은 생각보다 많지 않다.

물건을 사기 전, 세 번 스스로에게 묻기

"진짜 필요한가?", "지금 필요한가?", "이게 나를 살

게 하는가?"

소로는 질문을 가장 좋은 소비 습관이라 여겼다.

"단순화하라. 다시 단순화하라."

PART 4

놓아줄수록 더 부유해진다
(덜어낼수록 넉넉해지는 삶)

📖 숲에서 들려주는 한 문장

"A man is rich in proportion to the number of things which he can afford to let alone."

"사람은 얼마나 많은 것을 가질 수 있느냐가 아니라, 얼마나 많은 것을 놓아줄 수 있느냐에 비례해 부유해 진다."

🪵 한 걸음 더 다가가기

소로는 가진 것이 적을수록

마음이 가벼워지고 삶이 단단해진다고 믿었다.

"부유함은 소유의 크기가 아니라 자유의 상태다."

사람들은 더 많이 가지는 것을 부유함이라 여긴다.

집이 크고, 옷이 많고, 계좌가 두둑할수록 성공이라

믿는다.

하지만 소로는 묻는다.

"그 모든 것을 얻기 위해, 우리는 삶의 본질을 얼마나

포기하고 있는가?"

그는 월든에서 최소한으로 살기로 결심했다.

가진 것이 적을수록 걱정도 적고, 비울수록 진짜 필요
한 것이 무엇인지 선명하게 보였다.

그에게 부유함이란

더 많은 물건이 아니라 더 적은 욕망,

더 많은 소유가 아니라 더 깊은 자립,

더 많은 계획이 아니라 더 단순한 기쁨이었다.

그리고 그는 알게 되었다.

진짜 부유한 사람은 '더 이상 필요 없는 것' 앞에서 가
장 가볍게 웃을 수 있는 사람이라는 것을.

📋 월든 속으로 한 걸음 더

"Superfluous wealth can buy superfluities only.
Money is not required to buy one necessary of
the soul."

지나친 부는 지나치게 불필요한 것을 살 수 있다.
영혼이 진짜로 필요로 하는 것을 사기 위해 돈은 필
요하지 않다.

💡 소로의 말에 머물며

소로는 '필요'와 '욕망'을 날카롭게 구분했다.
사람들이 소비하는 대부분은 꼭 필요한 것이 아니라
단지 남들이 가진 걸 놓치기 싫어 생긴 불안의 반영
이었다.

그는 말한다.
"영혼이 필요한 것은, 돈으로는 살 수 없다."

그것은 고요, 자립, 단순함, 자연, 침묵 속의 성찰.

그리고 '나는 지금 잘 살고 있는가'라는 질문에
진심으로 고개를 끄덕일 수 있는 감정이었다.
그는 삶의 본질은 소유가 아니라 존재에 있다고 믿
었다.
더 적게 소유할수록 더 깊게 살아갈 수 있다고 여겼다.
필요한 것만 남기고, 불필요한 욕망을 덜어낼 때
비로소 삶은 본연의 빛을 발하기 시작한다고 소로는
이야기했다.

💬 지금 당신에게 묻는다면

나는 정말 필요한 것을 알고 있는가?

소로는 욕망의 목록보다 필요의 목록을 먼저 써보라고 했다. 진짜 필요는 적고, 그것은 언제나 내 곁에 있었다.

더 많은 것을 갖기 위해 삶을 저당 잡히고 있는가?

그는 소유보다 자유를 택했다. 무언가를 갖기 위해 '자기 자신'을 잃는 일은 너무 비싼 거래였다.

비우고, 내려놓은 것에서 자유를 느껴보았는가?

소로는 비움 속에서 자신에게로 돌아왔다.
'가지지 않아도 괜찮다'는 지극히 평범한 마음이 진짜 부유함이었다.

🌿 소로에게 배우는 작은 용기

일주일 동안 아무것도 사지 않고 살아보기

소로는 말한다. "가끔은 불편함이 가장 깊은 자유를 깨운다." 결핍은 오히려 감각을 깨우고, 마음을 정돈 해준다.

'가지지 않아도 되는 것'의 목록을 써보기

내게 더 이상 필요 없는 관계, 습관, 물건을 떠올려 보라. 그 목록은 나를 소모시키는 것들에서의 해방 선언 이 될 것이다.

소유보다 관계에 집중하기

그는 자연, 고요, 사유와 관계 맺는 법을 배웠다.
물건은 채워주지만, 존재는 연결될 때 충만해진다.

"사람은 얼마나 많은 것을 놓아줄 수 있느냐에
비례해 부유해진다."

PART 5

나는 고독만큼 친근한 친구를 본 적이 없다
(고요 속에만 나타나는 목소리가 있다)

📖 숲에서 들려주는 한 문장

"I never found the companion that was so companionable as solitude."

"나는 고독만큼 친근한 친구를 본 적이 없다."

🗨 한 걸음 더 다가가기

고요는 불편한 감정이 아니라

자기 자신을 만나는 가장 정확한 장소였다.

소로는 말한다.

"진짜 나는, 침묵 속에서 다가온다."

우리는 너무 많은 소리 속에 산다.

사람들의 말, 다양한 기기들의 알림음, 화면 위를 떠
다니는 글자들.

그 모든 것이 나의 내면을 덮고 지나간다.

그래서 대부분의 사람은 **자신의 마음이 어떤 상태인
지조차 모른 채 살아간다.**

소로는 일부러 고요 속으로 들어갔다.

그는 자연의 소리를 듣고, 침묵 속에 머물며,

말을 하지 않아도 되는 시간을 소중히 여겼다.

그는 깨달았다.

"나는 침묵 속에서 비로소 나 자신과 연결된다."

고요는 외로움이 아니었다.
그것은 나를 만나게 해주는 문이었고,
내 마음의 진실한 소리를 들을 수 있는 가장 투명한
공간이었다.

📜 월든 속으로 한 걸음 더

"I find it wholesome to be alone the greater part of the time.
To be in company, even with the best, is soon wearisome and dissipating."

나는 대부분의 시간을 혼자 있는 것이 오히려 건강하다고 느낀다.
아무리 훌륭한 사람과 함께 있어도, 곧 피곤하고 산만해질 수 있다.

💡 소로의 말에 머물며

소로에게 고독은 피해야 할 고통이 아니었다.
그는 고요 속에서 오히려 더 생생한 감각으로 세상을 느낄 수 있었다.

무언가를 계속 듣고, 말하고, 반응해야만 살아 있는 게 아니다. **진짜 살아 있음은, 침묵 속에서도 자신에게 귀 기울일 수 있는 능력에 있다.**

침묵은 어색한 시간이 아니라 삶의 방향을 재정비하고 내 마음의 상태를 들여다볼 수 있는 기회였다.

그는 말한다.

"말은 마음을 가릴 수 있지만, 고요는 마음을 드러낼 수 있다."

⋯ 지금 당신에게 묻는다면

당신은 고요를 얼마나 견딜 수 있는가?
소로는 침묵이 두렵지 않은 사람이 자신을 사랑하는 사람이라고 말한다. 혼자 있는 시간을 삶의 일부로 받아들일 수 있는가?

언제 마지막으로 나 자신과 대화를 나누었는가?
그는 말없는 시간 속에서 가장 진실한 마음을 마주한다고 믿었다.

내 삶에 '아무것도 하지 않는 시간'이 존재하는가?
소로에게 그런 시간은 게으름이 아니라 **삶의 밀도를 채우는 방식**이었다.

🌿 소로에게 배우는 작은 용기

하루 30분, 어떤 입력도 없이 머물러보기

책도, 음악도, 핸드폰도 없는 시간 속에서 내 마음이
어떤 말을 하고 있는지 들어본다.

'혼자 있는 시간'에 대한 감정을 기록해보기

불편한가, 편안한가, 도망치고 싶은가. 고요 앞에서의
내 감정은 곧 내 삶의 거울이다.

'아무것도 하지 않기'를 일정에 넣어보기

그는 아무것도 하지 않는 시간이 가장 중요한 것을 불
러온다고 말했다.

"나는 고독만큼 친근한 친구를 본 적이 없다."

2부

고요 속에서
나를
만나다

스스로 서는 법을 배운다는 것
천국은 발밑에도 있다
순간 속에서 영원을 살아내기
낯선 박자에 맞춰 걷는 용기
변하는 것은 사물이 아니라 우리 자신이다

외부의 소음에서 멀어질수록,

내 안의 목소리는 선명해진다

덜어낸 삶은 조용해집니다.

그 조용함 속에서 처음엔 어색하고 불안했던 감정이

조금씩 '자기 자신'이라는 이름을 얻어갑니다.

소로는 말합니다.

"고요 속에 머물러야, 삶의 소리를 들을 수 있다."

이제 우리는 비교를 멈추고, 남이 정해준 속도가 아닌

나만의 리듬을 찾기 시작합니다.

자연과 함께 숨 쉬고, 고독을 피하지 않고, 내 안의 작

고 선명한 감각들을 신뢰하기 시작하는 시기.

이 두 번째 여정은

깨어 있는 자만이 들을 수 있는 마음속 목소리와 다시

만나는 시간입니다.

PART 6

스스로 서는 법을 배운다는 것
(나를 먹이고 지키는 삶의 최소한의 것들)

📖 숲에서 들려주는 한 문장

"I learned this, at least, by my experiment: that if one advances confidently in the direction of his dreams, and endeavors to live the life which he has imagined, he will meet with a success unexpected in common hours."

"내가 월든에서의 실험을 통해 배운 것이 하나 있다면, 누구든 자신의 꿈을 향해 자신감 있게 나아가고, 스스로 상상한 삶을 살아가려 노력한다면, 일상의 예상 밖에서 반드시 성공을 만나게 된다는 것이다."

🗣️ 한 걸음 더 다가가기

소로는 삶을 단순하게 만들수록
스스로를 책임지는 힘이 자란다고 믿었다.
그가 말한 자립은 **먹고사는 문제를 해결하는 능력,**
그 안에서 자유롭게 사유할 수 있는 여유였다.

소로는 직접 손으로 집을 짓고, 직접 밭을 일구며 살
아갔다. 월든 숲속의 생활은 단순했지만, 그는 그 안
에서 "나는 나를 스스로 먹이고 지킬 수 있다"는 자부
심을 얻었다.

세상은 점점 더 복잡해진다.

우리는 점점 더 많은 기술과 도움 없이

아무것도 하지 못하게 되어간다.

하지만 소로는 그렇게 묻는다.

"내가 정말 나를 책임질 수 있는가?"

그가 말한 자립은

모든 것을 스스로 하겠다는 고집이 아니었다.

필요 이상에 의존하지 않고,

불필요한 욕망으로부터 자유로우며,

스스로를 지킬 수 있는 마음의 힘이었다.

삶의 최소한을 알고,

그 위에 '자기 삶'을 세워가는 태도.

그것이 소로가 월든에서 찾아낸 진짜 자립이었다.

📓 월든 속으로 한 걸음 더

"The cost of a thing is the amount of what I will call life which is required to be exchanged for it, immediately or in the long run."

어떤 것의 진짜 가격은 그것을 얻기 위해 내가 지금, 혹은 언젠가 지불해야 할 '삶'의 양이다.

💡 소로의 말에 머물며

우리는 흔히 가격을 돈으로 계산한다.
하지만 소로는 가격을
'내 삶의 시간, 에너지, 자유'로 계산했다.

돈을 벌기 위해 아침 일찍부터 저녁 늦게까지 일하고,
갚아야 할 할부 때문에 하고 싶지 않은 일을 계속하며,
그 대가로 얻은 물건들 속에 갇혀버리는 것.

그는 그렇게 말한다.
"나는 나를 팔아서 무언가를 사고 싶지 않다."

진짜 자립은 **나의 삶을 지불하지 않고도 살아갈 수 있는 최소한의 구조를 세우는 일**이다.

소로는 물질의 풍요 대신 시간의 여유를 택했다.

하고 싶은 일을 할 수 있는 자유,

사색할 수 있는 여백을 삶의 진정한 부로 여겼다.

그에게 진짜 부는, 돈이 아니라 잃어버린 시간을 되찾는 데 있었다.

💬 지금 당신에게 묻는다면

나는 무엇을 얻기 위해 내 삶을 지불하고 있는가?

소로는 말했다.

"삶은 거래가 아니다. 삶은 살아내야 할 것, 그 이상도 이하도 아니다."

내가 자립했다고 말할 수 있는 기준은 무엇인가?

그는 '혼자 해결할 수 있음'이 아니라 '의존하지 않고 살아도 괜찮다'는 마음을 자립이라 불렀다.

나 스스로 해결할 수 있는 삶은 어떤 모습일까?

소로는 말한다.

"가장 자유로운 사람은 가장 적게 의존하는 사람이다."

🌿 소로에게 배우는 작은 용기

하루 한 끼는 직접 요리해보기

먹는 것에서부터 자립은 시작된다. 내가 나를 먹인다는 감각은 삶의 중심을 되찾게 해준다.

스스로 해결할 수 있는 작은 일을 하나 정해보기

옷을 손질하고, 무언가를 수리하고, 혼자 결정하는 것. 작은 자립은 생각보다 큰 기쁨을 가져온다.

삶을 지켜주는 '생활의 최소단위'를 정리해보기

집, 밥, 휴식, 관계, 자연… 그 최소한만으로 내가 살아갈 수 있다면, 나는 이미 부유한 것이다.

"자립이란 삶을 지불하지 않아도 되는

구조를 세우는 일이다."

PART 7

천국은 발밑에도 있다
(진실한 삶은 숲과 하늘과 흙 속에 있다)

📖 숲에서 들려주는 한 문장

"Heaven is under our feet as well as over our heads."

"천국은 우리 머리 위에만 있는 것이 아니라 우리 발 밑에도 있다."

🪨 한 걸음 더 다가가기

소로는 자연 속에 머물며 **하늘만큼이나 흙도 우리를 살게 해준다는 사실**을 느꼈다.

그에게 자연은 도피처가 아니라 **삶을 회복하는 가장 근원적인 장소**였다.

도시에 살다 보면 자연은 '어디론가 떠나야만 만나는 것'처럼 느껴진다. 하지만 소로에게 자연은 언제나 그 **자리에 존재하고 있는 삶의 본질**이었다.

그는 말한다.
"천국은 머리 위에만 있는 것이 아니라, 발밑 흙 속에도 있다."

아침 햇살이 나뭇잎 사이로 떨어지는 모습,

빗소리에 귀를 기울이는 저녁,

고요한 호숫가에 앉아 바람을 느끼는 순간들.

모든 것이 그에게는 **삶을 회복시키는 시간**이었다.

자연은 조언하지 않지만, 항상 정직했고,

말하지 않지만, 늘 충만했다.

그 안에 있을 때 사람은 더 이상 무언가를 증명하지 않아도 되었다.

자연은 **있는 그대로의 나를 허락하는 공간**이었다.

📜 월든 속으로 한 걸음 더

"We need the tonic of wildness...
We can never have enough of nature."

우리는 야생이라는 강장제를 필요로 한다⋯
자연은 아무리 많아도 충분하지 않다.

💡 소로의 말에 머물며

소로는 자연을 '치유제'가 아니라 '강장제'라고 불렀
다. 그에게 자연은 지친 마음을 달래는 장소가 아니
라, **삶을 다시 일으켜 세우는 근원적인 힘**이었다.

우리가 자연을 찾는 이유는,
그 안에서 뭔가를 얻기 위해서가 아니라
잃었던 감각과 존재의 균형을 되찾기 위해서다.

그는 단순히 '산책하는 사람'이 아니라,
자연과 **교감하고 공존하며 스스로를 다시 세우는 존
재**였다.

··· 지금 당신에게 묻는다면

자연과 얼마나 자주 만나고 있는가?

소로는 도시가 삶을 닫아걸 때, 자연이 삶을 다시 열
어준다고 믿었다.

자연은 내게 어떤 방식으로 말을 걸고 있는가?

그는 말없는 자연이 가장 깊은 가르침을 전해준다고
했다.

자연 앞에서, 나는 어떤 나로 존재하는가?

숲속의 나, 하늘 아래의 나는 '누구'가 아니라 그냥 '있
음' 그 자체로 충분했다.

🌿 소로에게 배우는 작은 용기

매일 10분, 하늘을 올려다보는 시간을 가져보기

하늘은 바쁘게 지나가는 삶을 잠시 멈춰 세운다.

자연은 그렇게 나를 다시 지금 이 순간으로 데려온다.

주말 하루, 가까운 숲이나 공원에서 시간 보내기

자연은 특별한 장소가 아니라 내 곁에 머물 준비만 되어 있으면 된다.

발바닥으로 땅을 느끼며 천천히 걷기

걷는다는 건 자연과 접속하는 일이다. 그는 천천히 걸으며 자기 마음의 속도를 회복했다.

✨ 내 안에 남겨진 한 문장

**"천국은 우리 머리 위에만 있는 것이 아니라,
우리 발밑에도 있다."**

PART 8

순간 속에서 영원을 살아내기
(시간은 흐르는 것이 아니라, 살아내는 것이다)

📖 숲에서 들려주는 한 문장

"You must live in the present, launch yourself on every wave, find your eternity in each moment."

"지금 이 순간을 살아야 한다. 파도 위에 온몸을 실어야 하며, 순간 속에서 영원을 찾아야 한다."

🗣 한 걸음 더 다가가기

사람들은 늘 시간을 쫓는다.

미래를 준비하며 현재를 소비하고,

과거를 후회하느라 지금을 놓친다.

하지만 소로는 말한다.

"살 수 있는 시간은 오직 지금 뿐이다."

우리는 시간 속에서 살고 있다고 생각하지만,

사실은 대부분 **시간을 따라가느라 삶을 잃어버린 채**

살아간다.

소로는 그렇게 말한다.

"삶은 지금 이 순간 속에만 존재한다."

그는 자연의 리듬에 맞춰 하루를 살았다.

해가 뜨면 일어나고, 빛이 사라지면 몸을 쉬게 했다.

그는 다가오지 않은 미래를 걱정하지 않았고,

돌아갈 수 없는 과거를 붙잡지 않았다.

그에게 삶은 계획이 아니라 **집중**이었다.

지금의 한숨, 지금의 햇살, 지금의 발걸음.

그 순간들 속에서 그는 **작고 선명한 '영원'을 느꼈다.**

그는 말했다.

"내일을 위한 오늘이 아니라, 오늘을 위한 오늘을 살아라."

📜 월든 속으로 한 걸음 더

"Time is but the stream I go a-fishing in.
*I drink at it; but while I drink I see the sandy
bottom and detect how shallow it is.*"

시간은 내가 낚시하는 시냇물일 뿐이다.
그 물을 마시며 나는 그 밑의 모래 바닥을 본다.
그러면서 시간이 얼마나 얕은 것인지 깨닫는다.

💡 소로의 말에 머물며

소로는 시간을 **깊고 무거운 흐름**으로 보지 않았다.
그에게 시간은 그냥 흘러가는 것이 아니라,
**그 안에서 '어떻게 살아내느냐'에 따라 깊이가 생기
는 것**이었다.

우리는 종종 시간에 쫓기며 살아간다.
하지만 그는 시간 위에 몸을 실은 채
지금 이 순간을 붙들고,
그 안에서 삶의 밀도를 스스로 만들어내고자 했다.

💬 지금 당신에게 묻는다면

지금, 나의 시간을 살고 있는가?

소로는 '할 일의 시간'이 아닌

'존재의 시간'을 살아야 한다고 말한다.

하루 중 '완전히 지금에 머무는 순간'이 있는가?

그는 지금 이 순간에 몰입하는 사람만이

영원을 발견할 수 있다고 믿었다.

시간에 끌려다니는 대신, 바라본 적이 있는가?

소로는 시간을 벗처럼 대했다.

그와 함께 걸었고, 때론 멈춰 서서 말없이 머물렀다.

🌿 소로에게 배우는 작은 용기

하루 중 10분은 시계를 보지 않고 보내보기

그 시간을 '시간의 감시' 없이 순수하게 경험해본다.
생각보다 많은 것이 보인다.

"내가 오늘을 어떻게 살았는가" 적어보기

삶의 밀도는 시간의 양이 아니라 그 안의 '의식'으로
부터 나온다.

'할 일'보다 '살아가고 싶은 순간'에 집중해보기

소로는 말한다.
"지금을 살아라. 그 안에 모든 것이 있다."

✨ 내 안에 남겨진 한 문장

**"지금 이 순간을 살아야 한다.
순간 속에서 영원을 찾아야 한다."**

74

PART 9

낯선 박자에 맞춰 걷는 용기
(세상 기준이 아닌, 나만의 중심으로 살아가기)

📖 숲에서 들려주는 한 문장

"If a man does not keep pace with his companions,
perhaps it is because he hears a different drummer.
Let him step to the music which he hears, however
measured or far away."

"누군가가 다른 사람들과 보조를 맞추지 않는다면,
아마 그는 다른 북소리를 듣고 있기 때문일 것이다.
그가 듣는 음악에 맞춰, 비록 그 박자가 낯설고 멀더라
도 그렇게 걸어가게 하라."

🫕 한 걸음 더 다가가기

소로는 삶에서 가장 소중한 자유는

다른 사람과 비교하지 않을 자유라고 믿었다.

그는 묻는다.

"왜 나의 걸음을 남의 박자에 맞춰야만 하는가?"

우리는 끊임없이 비교 속에서 살아간다.

비슷한 나이, 직업, 외모, 자산, 가족, 명함, SNS 팔

로워 수까지.

남보다 앞서야하고, 남보다 못하면 초조해진다.

그러다 문득 스스로에게 묻는다.

"나는 나답게 살고 있는 걸까, 아니면 남보다 뒤처지

지 않기 위해 살아가고 있는 걸까?"

소로는 비교의 흐름에서 **단호하게 빠져나온 사람**이

었다.

그는 남과 다른 방식으로 살았고,

그 다름을 부끄러워하지 않았다.

오히려 자기만의 박자와 걸음을 찾는 것이

삶에서 가장 정직한 태도라고 믿었다.

그는 말했다.

"삶은 경주가 아닌, 고유한 음악을 따라 걷는 것이다."

그 박자는 느릴 수도 있고,

혼자만 들을 수 있는 멜로디일 수도 있다.

그러나 바로 그 길이,

내 삶을 나답게 만들어주는 유일한 길이다.

📜 월든 속으로 한 걸음 더

"The fault-finder will find faults even in paradise. Love your life, poor as it is."

불평하는 자는 천국 속에서도 흠을 찾는다.
그러니 비록 가난하더라도, 너의 삶을 사랑하라.

💡 소로의 말에 머물며

비교는 항상 결핍을 불러온다.
다른 사람과 나를 비교하는 순간,
나는 내가 가진 것을 볼 수 없게 된다.

소로는 말했다.

"가난한 삶이라도, 그것이 나의 것이면 충분히 사랑할 수 있다."

삶은 외부의 평가가 아니라 내가 그것을 얼마나 사랑하느냐로 채워지는 것이다.
그는 남보다 앞서려 하지 않았고,

그 대신 자신에게 정직하려 했다.

비교는 자유를 앗아가고, 자기 삶을 사랑하는 마음만

이 **삶의 주인이 되게 한다.**

💬 지금 당신에게 묻는다면

얼마나 자주 남과 나를 비교하고 있는가?

소로는 묻는다. "네 삶의 속도는 누구의 기준인가?"

속도가 아니라 방향이 중요하다고 그는 말한다.

내 삶을 사랑하고 있는가, 평가하고 있는가?

그는 삶을 점수로 따지지 않았다.

사랑한다는 건 지금의 나를 있는 그대로 받아들이는

일이다.

비교가 아닌 고유함으로 나를 바라본 적 있는가?

그는 가장 나다운 삶이 가장 자연스러운 삶이라고 믿

었다.

🌿 소로에게 배우는 작은 용기

SNS를 쉬고, 나의 감정을 기록해보기

타인의 삶을 덜 보면, 비로소 자기 마음의 진짜 소리를 듣게 된다.

'나만의 속도'로 하루를 살아보기

일정도, 휴식도, 선택도 남의 시간표가 아니라 나의 박자에 따라 조절해본다.

'지금의 나에게 필요한 것'만 골라서 살아보기

비교는 더 많은 것을 바라보게 하지만, 자유는 더 정확한 것을 선택하게 한다.

✨ 내 안에 남겨진 한 문장

"그가 듣는 음악에 맞춰, 비록 그 박자가 낯설고

멀더라도 그렇게 걸어가게 하라."

PART 10

변하는 것은
사물이 아니라 우리 자신이다

(세상을 바꾸려 하지 말고, 나를 바꾸는 데 집중하라)

📖 숲에서 들려주는 한 문장

"Things do not change; we change."

"변하는 것은 사물이 아니라 우리 자신이다."

🪨 한 걸음 더 다가가기

소로는 외부의 세상을 바꾸는 것보다

자기 내면을 들여다보는 것이 더 근본적인 변화라고

보았다.

그는 말했다.

"진짜 변화는 '세상이 어떻게 달라지느냐'가 아니라
'내가 어떻게 달라지느냐'에 달려 있다."

사람들은 늘 말한다.

"세상이 문제야. 사회가 바뀌어야 해. 사람들이 달라
져야 해."

하지만 소로는 이렇게 묻는다.

"나는 과연 얼마나 달라졌는가?"

그는 월든 숲으로 들어가
자기 자신을 바꾸는 일을 시작했다.

사회의 규칙 대신 **자기 내면의 기준에 따라** 살았고,

남들이 정한 규칙과 시간표 대신 **자연의 흐름에 따라**

움직였다.

그에게 변화는 거창한 선언이 아니었다.

그건 **지금 이 자리에서의 선택,**

반복되는 일상 속에서 **조금씩 다르게 살아보려는 실**

천이었다.

삶이 바뀌지 않는다고 느껴질 때,

그는 항상 자기 안을 먼저 들여다봤다.

세상이 아닌 '내가 달라질 수 있는 부분'부터 바꿨다.

📖 월든 속으로 한 걸음 더

"I know of no more encouraging fact than the unquestionable ability of man to elevate his life by conscious endeavor."

나는 인간이 스스로의 노력으로 자신의 삶을 고양시킬 수 있다는 이 부정할 수 없는 사실보다 더 희망적인 진실을 알지 못한다.

💡 소로의 말에 머물며

소로는 인간이 가진 내면의 힘을 믿었다.
어떤 조건이나 환경, 사회의 기준보다도,
자기 삶을 변화시킬 수 있는 가장 강력한 에너지는
'의식적인 노력'이라고 말한다.

그는 스스로를 실험했고,
그 실험의 결과는 내면이 바뀌면 외부의 감각도 달라진다는 것이었다. 그리고 그것이야말로 가장 근본적이고 오래가는 변화라고 믿었다.

💬 지금 당신에게 묻는다면

변화가 필요할 때, 어디를 먼저 바꾸려 하는가?

소로는 외부를 원망하지 않았다. 그는 자신 안의 불균형부터 먼저 정돈했다.

내가 바꿀 수 있는 작은 한 가지는 무엇인가?

그는 거대한 이상보다 하루의 선택을 바꾸는 것이 더 큰 변화를 가져온다고 믿었다.

내면이 변하면, 삶은 어떻게 달라질까?

그는 말했다.

"나를 바꾸면 세상이 새롭게 보이기 시작한다."

🌿 소로에게 배우는 작은 용기

오늘 하루, 의식적으로 반복을 깨보기

늘 가던 길 대신 다른 길로 걷고, 늘 하던 방식 대신
새로운 시도를 해본다.
변화는 아주 작은 '낯섦'에서 시작된다.

내 삶에서 '반복되는 행동' 하나 점검해보기

무의식적으로 반복되는 습관 속에 내가 잃어버린
감각이 숨어 있다.

변화에 대한 불안이 들 때, 내가 통제할 수 있는 것만 생각하기

소로는 외부를 바꾸려 할 때 혼란이 시작된다고 말
했다. 그는 자기 삶 안에서 가능한 변화만 실천했다.

✧ 내 안에 남겨진 한 문장

"변하는 것은 사물이 아니라 우리 자신이다."

3부

나다운 리듬을
회복하다

가만히 들여다보면, 삶은 이미 충분하다
생각하는 삶이 아닌, 깨어 있는 삶을 살라
덜 일할수록 더 부유해진다
깊이 있게 살기만 해도 충분하다
혼자 있는 시간이 나를 회복시킨다

더 가지려 하지 않을 때,
비로소 충만해진다

지금, 이 순간.

우리는 서서히 알게 됩니다.

삶은 더 많은 것을 갖는 데서 오는 것이 아니라,

이미 있는 것을 느끼는 데서 시작된다는 걸요.

소로는 날마다 자연을 바라보며

"지금 이대로도 괜찮다"고 말했습니다.

무언가를 바꾸지 않고,

애써 성취하지 않아도 되는 하루.

세번째 여정은

삶의 속도를 늦추고,

내 마음의 계절을 따라 살아보는 연습입니다.

깊이 있게 사는 것,

혼자 있는 시간을 기꺼이 받아들이는 것,

쓸모 없어 보이는 순간에도

숨은 의미를 발견하는 것.

이제 우리는

더 나은 삶이 아닌, 더 나다운 삶을 선택하려 합니다.

PART 11

가만히 들여다보면, 삶은 이미 충분하다
(지금 누리는 것들 속에서 충만함을 발견하는법)

📖 숲에서 들려주는 한 문장

"Every morning was a cheerful invitation to make my life of equal simplicity, and I may say innocence, with Nature herself."

"매일 아침은 나를 향한 명랑한 초대였다.
그 초대는 나의 삶을 자연처럼 단순하고
순수하게 만들어보라고 말해주는 것이었다."

🗄 한 걸음 더 다가가기

사람들은 삶에 늘 무언가가 부족하다고 느낀다.

하지만 소로는 말했다.

"가만히 들여다보면, 이미 많은 것을 갖고 있다."

삶의 충만함은 더 가지는 데서가 아니라,

지금 누리고 있는 것들을 깨닫는 데서 시작된다.

소로는 아침 햇살이 비추는 나뭇잎 하나,

창밖에서 들려오는 새소리,

물을 길으러 가는 길에서 마주한 고요 속 떨림 같은

것들 속에서 삶이 이미 충만하다는 사실을 발견했다.

그는 말한다.

"나는 지금 이대로도 충분하다."

사람들은 끊임없이 다음 단계로 나아가려 한다.
더 많이 벌고, 더 높은 자리에 오르고,
더 많은 것을 이루고 나서야 만족할 수 있을 것처럼
믿는다.

하지만 소로는 지금의 삶을 자세히 들여다보면
이미 내 곁에는 충분한 것들이 존재하고 있다고
말한다.
자연이 그렇듯,
삶도 완전해지기 위해 무언가를 더하지 않는다.
그저 **잘 바라보고, 잘 느끼고, 잘 살아내면 된다.**

소로에게 충만함은
획득이 아니라 **깨달음의 결과**였다.
삶은 언제나 충분했다.
단지 우리가 그것을 알아차리지 못했을 뿐이다.

📜 월든 속으로 한 걸음 더

"The true harvest of my daily life is somewhat as intangible and indescribable as the tints of morning or evening."

내 삶에서 진정한 수확은 아침이나 저녁의 빛깔처럼 형체도 없고 말로 다 표현할 수 없는 어떤 것이다.

💡 소로의 말에 머물며

삶의 의미는 눈에 보이는 성취나 결과보다
조용히 스며드는 감각과 순간들에 숨어 있다.
소로는 그런 것들을 '진짜 수확'이라 불렀다.

그는 '무엇을 이루었는가'보다
'어떻게 존재했는가'를 더 중요하게 여겼다.
우리의 하루하루는 **아름다운 빛처럼 흘러가지만,**
그 안에는 **말할 수 없는 가치와 감동**이 담겨 있다.
삶은 증명하지 않아도 되는 것이고,
잘 살고 있다는 감각은 이미 내 안에 존재한다.

💬 지금 당신에게 묻는다면

지금의 삶을 충분히 누리고 있는가?

소로는 매일 아침이 하나의 선물이라 말했다.

그 선물을 우리는 얼마나 무심히 흘려보내는가?

삶의 '보이지 않는 수확'을 느껴본 적이 있는가?

그는 눈에 보이지 않는 것들 속에서 가장 확실한 만족을 발견했다.

이대로 괜찮다고, 스스로에게 말해본 적이 있는가?

그는 완벽을 추구하기보다 충만함을 알아보는 능력을 키워야 한다고 믿었다.

🌿 소로에게 배우는 작은 용기

하루를 시작하며 감사한 세 가지 적어보기

작은 것에서 충만함을 발견하는 습관은 삶의 깊이를
바꾼다.

오늘 하루, 변화없이 있는 그대로 살아보기

무언가를 더하지 않고도 충분히 만족스러운 하루를
보낼 수 있다는 사실을 느껴보라.

잠들기 전 '오늘 좋았던 한 장면'을 떠올려보기

소로는 그런 장면 하나가
삶 전체를 풍요롭게 만든다고 믿었다.

"삶의 진정한 수확은 형체도 없고,

말로 다 표현할 수도 없는 것이다."

PART 12

생각하는 삶이 아닌, 깨어 있는 삶을 살라
(앎보다 중요한 것은 지금 여기에서의 깨어남이다)

📖 숲에서 들려주는 한 문장

"To be awake is to be alive. I have never yet met a man who was quite awake. How could I have looked him in the face?"

"깨어 있는 것이야말로 살아 있다는 것이다.

나는 아직 완전히 깨어 있는 사람을 만나본 적이 없다.

만약 그런 사람을 본다면, 나는 그 얼굴을 감히 바라볼 수 없었을 것이다."

🗨 한 걸음 더 다가가기

소로에게 삶은 단순히 숨 쉬고 움직이는 상태가 아니었다.

그는 '**깨어 있는 삶**'만이 **진짜 삶**이라고 믿었다.

몸이 움직이고 있어도, 마음이 잠든 채 살아간다면

그건 단지 **존재하는 것이지 살아 있는 것이 아니라고**

생각했다.

소로는 일상의 흐름에 휩쓸려 기계적으로 살아가는 삶을 경계했다.

그는 "매일 아침 새롭게 깨어나는 일"이

삶의 본질이자 가장 인간적인 태도라고 믿었다.

그에게 '깨어 있음'이란

단순히 눈을 뜨고 있는 상태가 아니라,

지금 순간을 온전히 인식하며 살아가는 태도였다.

"이 일이 왜 중요한가?"

"이 감정은 어디에서 왔는가?"

"나는 지금 어떤 삶을 살고 있는가?"

이런 질문을 던지고 답하려는 삶,

그것이 깨어 있는 삶이었다.

우리는 종종 생각만 하느라

지금을 살아가는 감각을 잃곤 한다.

하지만 소로는 지식보다 감각을,

분석보다 **깨어 있는 인식**을 중요하게 여겼다.

그는 말했다.

"삶은 깨어 있을 때만 시작된다."

📜 월든 속으로

"Only that day dawns to which we are awake."

진정으로 깨어 있는 이에게만, 하루는 시작된다.

💡 소로의 말에 머물며

아무리 많은 시간이 흘러도,

내가 깨어 있지 않다면,

그 하루는 **사실상 지나간 것이나 다름없다.**

소로는 **시간을 사는 것이 아니라,**

의식의 강도로 하루를 살아가야 한다고 믿었다.

일어나야 할 이유,

살아야 할 목적,

느껴야 할 감정에 **온전히 깨어 있을 때,**

비로소 그 날은 진짜로 '하루'가 되는 것이었다.

💬 지금 당신에게 묻는다면

당신은 지금, 깨어 있는가?

소로는 말한다.

"단지 살아 있는 것이 아니라 진짜로 살고 있는지를 자문하라."

하루는 얼마나 의식적인가, 혹은 자동적인가?

그는 반복에 잠식되지 않으려 매일 새롭게 깨어나려 했다. 삶은 의식 속에서만 진짜 모습을 드러낸다.

무엇이 나를 잠들게 하고, 무엇이 나를 깨우는가?

나를 흐리게 만드는 것들을 줄이고 마음을 맑게 하는 것들에 더 가까이 다가갔다.

🌿 소로에게 배우는 작은 용기

하루에 한 번, 지금 내 마음 상태를 써보기

깨어 있는 삶은 마음을 들여다보는 데서 시작된다.

지금 내 감정, 내 상태는 어떤가?

아침에 눈을 떴을 때, 하루의 의미를 떠올려보기

그는 매일 아침 '살아야 할 이유'를 새기듯

하루를 시작했다.

익숙한 길에서 낯선 감각 하나 발견해보기

같은 길도 새로운 눈으로 보면 다르게 보인다.

그는 매일을 새롭게 보기 위해 깨어 있으려 했다.

✨ 내 안에 남겨진 한 문장

**"진정한 하루는,
우리가 깨어 있을 때 비로소 시작된다."**

PART 13

여백이 있는 삶을 누리다

(쓸모없어 보이는 순간이 삶을 살찌우는 때다)

📖 숲에서 들려주는 한 문장

"It is not enough to be busy.
So are the ants.
The question is: What are we busy about?"

바쁘기만 해서는 충분하지 않다.

개미들도 늘 바쁘지 않은가.

중요한 것은, 우리가 무엇을 위해 바쁜가이다.

🪵 한 걸음 더 다가가기

소로는 말했다.

"진정한 삶은 채우는 것이 아니라, 비워두는 것으로 깊어진다."

가득 채우려 하지 않을 때,

삶은 스스로 숨 쉬고 자라난다.

비워둔 자리에서 진짜 삶이 시작된다.

그는 말한다.

"진정한 삶은 채우는 것이 아니라, 비워두는 것으로 완성된다."

우리는 종종 '쓸모'로 하루를 평가한다.

오늘 얼마나 많은 일을 했는지,

얼마나 부지런했는지, 얼마나 생산적인 사람이었는지

를 따진다.

하지만 소로는 말한다.

"아무것도 하지 않는 시간에도 삶은 자란다."

그는 숲 속에서 걷고, 앉고,

소로는 바쁜 일상을 자랑하지 않았다.

그는 숲 속에서 매일, 목적 없는 시간을 가졌다.

어디로 가야 할지 정하지 않은 채 걷고,

때로는 그저 나뭇잎 흔들리는 소리에 귀를 기울였다.

삶은 늘 무언가를 이루어야만 가치 있는 게 아니었다.

오히려 아무것도 하지 않는 시간,

그 고요한 빈칸 속에서

삶은 스스로 깊어지고 넓어졌다.

"왜 이렇게 바쁘게 살아야 하지?"

소로는 스스로에게 그렇게 물었다.

그리고 깨달았다.

삶은 달성이나 성취가 아니라,

지금 이 순간을 충분히 살아내는 것이라고.

열심히 사는 것만으로는 충분하지 않다.

중요한 것은, 무엇을 향해 살아가고 있는가이다.

📜 월든 속으로 한 걸음 더

"Time is but the stream I go a-fishing in."

시간은 내가 낚시하는 시냇물일 뿐이다.

💡 소로의 말에 머물며

우리는 너무 자주 '바쁨'을 자랑처럼 여긴다.

하지만 소로는 되묻는다.

"무엇을 향해 그토록 바쁘게 달려가고 있는가?"

삶은 '열심히'가 아니라

'의미 있게' 사는 것이 중요하다.

잠깐 멈춰서 하늘을 바라보고,

나뭇잎 흔들리는 소리를 듣고,

그 순간의 감정을 조용히 받아들이는 일.

그 모든 것이 삶의 본질로 돌아가는 시간이었다.

〰 지금 당신에게 묻는다면

아무것도 하지 않는 시간을 얼마나 허락했는가?
소로는 바쁨 속에서는
자기 자신을 제대로 만날 수 없다고 말했다.

**지금 '부지런함'이라는 이름으로 나를 소모하고
있진 않은가?**
그는 개미처럼 일하는 것보다
사람답게 존재하는 것이 더 중요하다고 믿었다.

**쓸모없다는 생각속에서 피어나는 감정을 기억한
적이 있는가?**
소로는 그 순간에 삶의 가장 부드럽고 깊은 울림이
숨어 있다고 말했다.

🌿 소로에게 배우는 작은 용기

하루에 30분, 목적 없는 산책을 해보기

어디를 가야 한다는 목적 없이 걷는 일은 오히려 마음
을 가장 멀리 데려간다.

일정표에 '빈 칸'을 만들기

그 빈칸은 쉼이 아니라 삶이 숨을 쉬는 공간이다.

아무것도 하지 않으며 그 감각을 기록해보기

불안할 수도 있다. 하지만 그 감정 속에서 오히려 가장
진짜다운 내가 떠오른다.

"중요한 것은, 우리가 무엇을 위해 바쁜가이다."

PART 14

깊이 있게 살기만 해도 충분하다

(넓이보다 깊이를 선택하는 삶)

📖 숲에서 들려주는 한 문장

"Live deliberately."

"의식적으로 살아라."

📷 한 걸음 더 다가가기

소로는 많은 길을 걷는 것보다

한 걸음 한 걸음을 의식하는 삶을 더 소중히 여겼다.

그는 말한다.

"삶은 지나치는 것이 아니라,

깨어서 한순간을 살아내는 것이다."

세상은 넓이를 이야기한다.

더 많은 지식, 더 많은 경험, 더 많은 소유를 추구하
라고.

하지만 소로는 믿었다.

삶은 '더 많이'가 아니라,

'더 깊이' 살아가는 데서 비로소 빛난다고.

그는 말한다.

삶의 골수를 빨아들일 만큼,

한순간에 깊이 잠겨 살아보라고.

겉을 스쳐 지나가는 감정이 아니라,

하나의 문장, 하나의 계절,

고요한 저녁 한 순간에도

의식적으로 깨어 있으라고.

많이 쌓지 않아도 괜찮다.

많이 경험하지 않아도 괜찮다.

중요한 것은,

내가 지금 이 순간과 얼마나 진실하게 연결되어 있는

가이다.

삶은 넓이가 아니라 밀도다.

삶은 양이 아니라 깊이로 완성된다.

소로에게 깊이 있는 삶이란,

결핍이 아니라 충만이고,

산만함이 아니라 고요였다.

'더 깊이'가 진짜 삶을 만든다고 믿었다.

그는 삶의 골수를 맛보고 싶었다.

겉만 핥고 지나가는 감정이 아니라,

한 문장, 한 계절, 한 고요한 저녁을 온몸으로 살아내고 싶었다.

많이 하지 않아도 된다.
많이 가지지 않아도 된다.
단지 내가 지금 이 순간과 얼마나 깊이 연결되어 있는지가 중요하다.

삶은 두께가 아니라 밀도다.
소로에게 깊이 있는 삶이란
결핍이 아니라 집중,
산만함이 아니라 고요에서 시작되었다.

📗 월든 속으로 한 걸음 더

"Drive life into a corner, and reduce it to its lowest terms, and if it proved to be mean, why then to get the whole and genuine meanness of it, and publish its meanness to the world; or if it were sublime, to know it by experience."

삶을 구석으로 몰아넣고, 그 본질만 남기도록 최대한 단순화하라. 그 결과 삶이 비천하다면, 그 비천함을 있는 그대로 알아내고 세상에 알리고, 삶이 숭고하다면, 그 숭고함을 몸소 경험하라.

💡 소로의 말에 머물며

소로는 삶을 두려워하지 않았다.
고통이든 초라함이든, 그는 삶을 피하지 않고 정면으로 마주하려 했다.
그에게 삶은 결과를 위한 과정이 아니라,
순간순간을 의식적으로 살아내는 행위였다.

"의식적으로 살아라."

소로는 그렇게 말했다.

아무 생각 없이 흘러가는 시간이 아니라,

내가 진정 원하는 방향을 향해

매순간 깨어 있는 삶을 선택하라고.

삶의 의미는 성취나 평가에 있지 않다.

삶은 좋고 나쁨을 넘어선 그 자체로서 존재한다.

나는 얼마나 깊이, 얼마나 진실하게 살아냈는가.

바로 그 물음만이 남는다.

깊이 산 사람만이 안다.

삶이 얼마나 단단하고 숭고할 수 있는지를.

그에게 삶은 피상적인 찰나가 아니라,

마음 깊숙이 침잠해 들어가는 과정이었다. 정직하게

그 안에 들어가 살아봤느냐가 중요하다.

깊이 산 사람만이 삶이 얼마나 단단하고 숭고할 수 있
는지를 안다. 그에게 삶은 피상적인 평가가 아닌, 내
면으로 침잠해 들어가는 과정이었다.

💬 지금 당신에게 묻는다면

삶을 얼마나 깊이 살아가고 있는가?

소로는 삶의 겉면이 아닌 속살을 보고자 했다.

깊이 있는 사람은 삶을 놓치지 않는다.

지금 깊이 빠져 있는 감정, 사유, 관계는 무엇인가?

그는 말한다. "넓게 퍼지는 삶보다 깊게 스며드는 삶이 더 아름답다."

피하고 외면하는 것에 진실이 있지는 않은가?

그는 삶을 구석까지 몰아넣어 그 본모습을 정면으로 바라보려 했다.

🌿 소로에게 배우는 작은 용기

하루에 단 한 문장을 깊이 생각해보기

짧은 문장을 오래 곱씹는 일은 나를 더 깊은 내면으로 이끈다.

한 사람과의 대화를 더 길게, 더 깊게 나눠보기

관계도 마찬가지다.

깊은 대화는 서로의 삶을 더 진하게 느끼게 한다.

하루 10분, 아무것도 안하고 '지금'을 느껴보기

그는 고요 속에 머물며 삶의 진실한 결을 발견하곤 했다.

"의식적으로 살아라"

PART 15

혼자 있는 시간이 나를 회복시킨다
(고요함 속에서 듣게 되는 진짜 나의 목소리)

📖 숲에서 들려주는 한 문장

"I find it wholesome to be alone the greater part of the time. To be in company, even with the best, is soon wearisome and dissipating.
I love to be alone."

"나는 대부분의 시간을 혼자 보내는 것이 건강하다고 느낀다. 아무리 훌륭한 사람과 함께 있어도 곧 피곤하고 산만해진다.
나는 혼자 있는 시간을 사랑한다."

🪨 한 걸음 더 다가가기

소로는 혼자 있는것이 고립이 아니라 회복이라고 믿었다.

타인과 연결되기 전에, 먼저 **자기 자신과 깊이 연결되는 법을 배워야 한다고** 생각했다. 그에게 혼자의 시간은 **자유, 사유, 충전의 공간**이었다.

'혼자'라는 단어에는 종종 외로움, 공허함, 불안함이 따라붙는다.

하지만 소로는 그 반대였다.

그에게 혼자 있음은 **마음이 맑아지는 시간,**

세상의 소음으로부터 벗어나

진짜 자신의 목소리에 귀 기울이는 시간이었다.

그는 일부러 사람들과의 거리를 두고,

오두막에서의 시간을 고요하게 보냈다.

그 고요는 침묵이 아니라 **깨어 있는 집중**이었고,

그 안에서 그는 자기 자신을 다시 회복해갔다.

혼자 있는 시간이 두렵게 느껴지는 건,

그 시간 속에서 **진짜 자신과 마주해야 하기 때문**이다.

하지만 소로는 말했다.

"그 만남을 피할수록 삶은 점점 더 희미해진다."

혼자의 시간은 외로움이 아니라

삶을 더 깊이 느끼게 하는 기회였고,

그 안에서 그는 **세상과 다시 연결될 힘**을 얻었다.

📜 월든 속으로 한 걸음 더

"We are for the most part more lonely when we go abroad among men than when we stay in our chambers."

"사람들 사이를 떠돌 때 우리는 종종, 홀로 방 안에 머물 때보다 더 외롭다."

💡 소로의 말에 머물며

고독은 괴로움이 아니라 **가장 다정한 벗**이었다.
그는 혼자 있는 시간 속에서
자연과 가까워졌고, 사유가 깊어졌으며,
무엇보다 스스로를 정직하게 마주보게 되었다.

우리는 타인에게 보이기 위해 많은 것을 꾸미지만,
고요 속에서는 그럴 필요가 없다.
그는 그런 시간을 통해
자기 삶의 본질로 돌아가는 길을 발견했다.

지금 당신에게 묻는다면

혼자만의 시간을 얼마나 편안하게 받아들이는가?

소로는 말한다.

"스스로를 온전하게 느끼는 데는 아무도 필요하지 않다."

혼자 있는 시간 속에서 무엇을 느끼고 있는가?

그는 침묵 속에서 진짜 감정이 떠오른다고 믿었다.

그 감정을 외면하지 않는 용기가 필요하다.

당신의 삶에 '고요한 방'은 있는가?

물리적인 공간이 아니라, 마음이 머무를 수 있는 내면의 방이 있는지 물어본다.

🌿 소로에게 배우는 작은 용기

하루 중 단 15분이라도 조용한 장소에 머물기
핸드폰, 소리, 대화 없이 그 시간에 나의 감정을 가만히 들여다본다.

혼자 있는 시간을 기록해보기
그 시간 속에 어떤 감정, 생각, 감각이 올라오는지 써보자. 그것이 지금의 나를 말해준다.

'혼자 있는 것'에 대한 감정 솔직하게 들여다보기
외로움인지, 편안함인지, 낯설음인지. 그 감정을 이해하는 것이 곧 자기 자신과 친해지는 길이다.

✦ 내 안에 남겨진 한 문장

"사람들 사이를 떠돌 때 우리는 종종,

홀로 방 안에 머물 때보다 더 외롭다.""

4부

다시 세상으로,
나답게 걸어가다

자연은 서두르지 않지만 모든 것을 이룬다
덜 가지고도 살 수 있는 사람이 더 부유해진다
행복은 조용히 찾아온다
모든 것은 사라지기에 아름답다
내가 상상한 삶을 진짜로 살아보았다

배움을 품고,
나만의 길로 나아가는 사람

숲은 끝났지만,

더 이상 이전의 내가 아닙니다.

소로는 월든을 떠났습니다.

하지만 숲에서 배운 모든 것을

자신 안에 단단히 품고

세상을 다시 살아내는 사람으로 나아갔습니다.

이 마지막 여정은

삶의 흐름을 받아들이고,

소멸을 두려워하지 않으며,

지금 이대로의 삶을 사랑하는 일입니다.

그리고 마침내,

상상했던 삶을 '진짜로' 살아보기 위한

한 걸음을 내딛는 순간입니다.

우리는 이제

다시 걷지만, 이번에는 스스로의 발걸음으로

자기만의 길을 내며 나아갑니다.

PART 16

자연은 서두르지 않지만
모든 것을 이룬다
(계절처럼 흐르고, 햇살처럼 머무는 삶의 속도)

📖 숲에서 들려주는 한 문장

"Nature never hurries, yet everything is accomplished."

"자연은 결코 서두르지 않지만, 모든 것을 이룬다."

📭 한 걸음 더 다가가기

소로는 자연을 통해 **삶의 리듬을 다시 배우려 했다.**

세상은 늘 '더 빠르게', '더 많이'를 외치고 있지만

자연은 **느리지만 정확하게,**

그리고 무엇보다 자신만의 속도로 살아가고 있었다.

소로는 자연을 보며 생각했다.

봄이 와야만 꽃이 피고,

햇살이 쏟아져야 열매가 익는다.

그 모든 것은 **조급함 없이 이루어지고 있었다.**

반면 우리는 늘 서두른다.

더 빨리, 더 멀리, 더 많이.

하지만 그 속에서 점점

삶의 본질을 놓치고 있는 건 아닐까?

소로는 말했다.

"삶은 달리기가 아니다.

천천히 걸어도 충분히 닿을 수 있는 곳에 있다."

자연은 우리에게 말없이 가르쳐준다.

멈추는 법, 기다리는 법, 때를 아는 법.

삶은 속도가 아니라 **균형과 흐름의 예술**이다.

그는 자연의 속도를 닮으려 했다.

조급하지 않고, 그러나 결코 게으르지 않게.

자신의 속도, 자신의 방식으로 하루를 살아내는 것.

그것이 바로 소로가 말한 **충만한 삶**이었다.

📜 월든 속으로 한 걸음 더

"He enjoys true leisure who has time to improve his soul's estate."

자신의 영혼을 가꿀 시간을 가진 사람이야말로
진짜 여유를 누리는 사람이다.

💡 소로의 말에 머물며

소로에게 여유란 단순히 한가함이 아니었다.
그것은 **삶을 깊이 바라볼 수 있는 시간,**
내면을 가꾸는 공간이었다.

바쁜 일상 속에서도 자신에게 조용히 말을 걸고,
영혼을 돌보는 사람.
그 사람이야말로 진짜 여유로운 삶을 살아가는 사람
이라고 그는 믿었다.

자연은 그런 여유를 매일 우리에게 건넨다.
우리가 잠시 멈추어 바라보기만 한다면.

💬 지금 당신에게 묻는다면

지금, 어떤 속도로 살고 있는가?

소로는 자연을 따라

자신만의 리듬으로 하루를 구성했다.

당신 삶에는 계절처럼 흐르는 시간이 있는가?

그는 일상의 리듬 속에서

자연처럼 성숙하는 삶을 택했다.

여유를 누리고 있는가, 아니면 미뤄두고 있는가?

소로는 여유란

나중에 누리는 것이 아니라

지금 내 마음이 만들어내는 것이라 했다.

🌿 소로에게 배우는 작은 용기

일주일에 한 번, '계절 관찰 일기' 써보기

하늘, 바람, 나뭇잎, 햇살…

그 흐름을 따라가면 내 마음의 리듬도 보인다.

자기만의 '느린 루틴' 만들기

서두르지 않고 시작할 수 있는 아침 시간,

말없이 차를 마시는 오후.

삶은 그런 시간에 깊어진다.

'지금 이 속도도 괜찮다'고 스스로에게 말해보기

소로는 말했다.

"조금 느려도 괜찮다. 자연은 언제나 제시간에 도착하
니까…"

"자연은 결코 서두르지 않지만,

모든 것을 이룬다."

PART 17

덜 가지고도 살 수 있는 사람이
더 부유해진다
(누구의 기준에도 묶이지 않는 삶의 주인 되기)

📖 숲에서 들려주는 한 문장

"A man is rich not in what he owns, but in what he can do without."

"사람은 자신이 얼마나 많은 것을 가질 수 있느냐보다 얼마나 많은 것을 없이도 살 수 있느냐에 따라 부유하다."

🪵 한 걸음 더 다가가기

소로에게 진짜 자유란

더 많이 가지는 것이 아닌, 덜 필요로 하는 상태였다.

그는 타인의 시선, 물질의 유혹, 사회의 기대에서

조금씩 자신을 풀어내며 말했다.

"나는 나로서 살아가고 싶다."

자유란 무엇일까?

소로는 그것이 **외부의 통제로부터 벗어나는 것이 아**

니라, 내면에서부터 의존하지 않는 상태라고 보았다.

그는 월든 호숫가의 작은 오두막에서 살았다.

남들보다 훨씬 적게 가졌고, 훨씬 단순하게 살았다.

하지만 그는 말했다.

"나는 지금까지보다 더 자유롭다."

그에게 자유는

'갖지 않아도 되는 것',

'속하지 않아도 되는 것',

그리고 '스스로 결정할 수 있는 것'이었다.

우리는 종종

더 많은 돈, 더 높은 위치, 더 넓은 공간을 통해

자유를 얻을 수 있다고 믿는다.

하지만 소로는 정반대의 길을 택했다.

줄일수록, 비울수록, 덜 필요할수록 자유로워졌다.

그는 말했다.

"진짜 자유란

아무것에도 끌려가지 않는 마음을 가지는 것."

📜 월든 속으로 한 걸음 더

"I love to be alone. I never found the companion that was so companionable as solitude."

나는 혼자 있는 시간을 사랑한다.
고독만큼 나와 잘 어울리는 친구를 본 적이 없다.

💡 소로의 말에 머물며

외로움과 고독은 다르다.
소로는 혼자 있는 시간을 통해 더 자유로워질 수 있다고 믿었다.
그 시간 동안 그는 누구의 기준도 따르지 않았고,
무엇이 되어야 한다는 압박도 없었다.

혼자 있으면서도 그는 충만했고,
작게 살아가면서도 그는 부유했다.
그 이유는 단 하나,

자기 삶의 주인이 되어 있었기 때문이다.

💡 지금 당신에게 묻는다면

누구의 기준에 맞춰 살고 있는가?

소로는 사회가 만든 기대에서 벗어나 스스로의 리듬
으로 삶을 살아갔다.

얼마나 많은 것을 '가지지 않고도' 괜찮은가?

그는 덜 소유할수록 더 넓은 내면의 공간을 느꼈다.

진짜로 내 삶의 주인이 되고 있는가?

자유는 선언이 아니라 선택의 총합이다.

그는 말한다.

"나를 묶고 있는 건 밖이 아니라 내 안의 욕망이다."

🌿 소로에게 배우는 작은 용기

오늘 하루, 타인의 기준을 잠시 내려놓고 살아보기

어떤 말, 어떤 시선, 어떤 규칙에서 나를 조금 떼어내
보는 연습을 해보자.

가지지 않아도 되는 것의 목록을 적어보기

물건, 관계, 기대, 책임 중 지금 꼭 필요하지 않은 것
은 무엇인가?

'하루의 작은 선택' 하나 스스로 결정 해보기

메뉴, 걷는 길, 대답하는 방식.

작은 자유의 선택이 모여 자기 삶의 중심을 만든다.

"덜 가지고도 살 수 있는 사람이 더 부유해진다."

PART 18

행복은 조용히 찾아온다

(만족은 미래에 있지 않고, 지금 여기에서 피어난다)

📖 숲에서 들려주는 한 문장

"*Happiness is like a butterfly, which, when pursued, is always just beyond your grasp, but which, if you will sit down quietly, may alight upon you.*"

"행복은 나비와 같다. 쫓아갈 때는 언제나 손에 닿지 않지만, 조용히 앉아 있으면 그 나비가 어느새 당신 위에 내려앉을지도 모른다."

🖼 한 걸음 더 다가가기

소로에게 행복은 얻어야 할 대상이 아니라,

조용히 마주칠 수 있는 감정이었다.

그는 말한다.

"행복을 쫓기보다,

지금 이 순간을 사랑할 수 있을 때

행복은 찾아온다."

우리는 종종 묻는다.

"행복은 어디에 있을까?"

그리고 늘 어딘가 먼 곳,

아직 오지 않은 미래,

무언가를 이룬 다음에야 비로소

행복해질 수 있을 거라 믿는다.

하지만 소로는 말한다.

"행복은 멀리 있는 것이 아니라,

지금 여기서 조용히 나를 기다리고 있다."

그는 나무 아래 앉아 햇살을 맞고,

호숫가에 앉아 물결을 바라보며,

때로는 아무 말 없이 하루를 보냈다.

그 조용한 순간들 속에서

삶이 충분하다는 감각이 피어올랐다.

소로는 바란 적이 없었다.

다만 **지금 이대로의 삶을 사랑하는 법**을 익혔다.

그리고 그 감각이야말로

가장 순수한 만족,

가장 오래가는 행복이었다.

📜 월든 속으로 한 걸음 더

"The mass of men lead lives of quiet
desperation."

대부분의 사람들은 조용한 절망 속에서 살아간다.

💡 소로의 말에 머물며

소로는 사람들의 삶에서
가장 안타까운 점은
행복하지 않다는 사실이 아니라,
그 절망을 인식하지 못한 채 살아간다는 것이라
보았다.

늘 무언가에 쫓기고,
어디론가 가야만 할 것 같고,
지금 이대로는 부족하다고 느끼는 마음.
그 조용한 절망은 삶을 조금씩 갉아먹는다.

하지만 그는 말했다.

"그 절망에서 벗어나는 첫걸음은

지금 이 순간을 인정하는 것,

그리고 있는 그대로의 삶을 사랑하는 것이다."

소로는 고요한 숲속에서 지금 이 순간을 오롯이
받아들이는 법을 배웠다.
더 가지려는 욕망 대신, 이미 가진 것에 머무는
용기를 가졌다.

그는 삶의 진실은 늘 가까이에 있지만, 우리가 너무
멀리서만 찾는다고 말한다.

💬 지금 당신에게 묻는다면

지금, 나의 삶을 사랑하고 있는가?

소로는 삶을 기다리거나 고치려 하지 않았다.

그는 삶을 '함께 있어도 좋은 존재'로 바라보았다.

무언가 바뀌어야 행복해질 수 있다고 믿고 있는가?

그는 조건을 만족으로 바꾸지 않았다.

만족이 조건을 바꿨다.

당신이 가진 것 중, 가장 소중한 것은 무엇인가?

그는 지금 곁에 있는 것들을 더 깊게 바라보고, 더 천
천히 누렸다.

🌿 소로에게 배우는 작은 용기

지금 이 순간, 고마운 세 가지를 말로 해보기

조용히 읊조리는 것만으로

행복은 스스로 몸을 드러낸다.

아쉽지만 '이 정도도 괜찮아'라고 말해보기

말은 마음을 훈련시킨다.

그는 만족이라는 말로 삶을 다독였다.

바꾸려 하지 않고 하루동안 그냥 지켜보기

변화를 주지 않아도 지켜보는 일만으로도 삶은 조금

씩 바뀌어간다.

✧ 내 안에 남겨진 한 문장

**"행복은 쫓을 때가 아니라
조용히 앉아 있을 때 나에게 찾아온다."**

PART 19

모든 것은 사라지기에 아름답다

(자연이 가르쳐주는 소멸과 순환의 지혜)

📖 **숲에서 들려주는 한 문장**

"The lake is the earth's eye; looking into which the beholder measures the depth of his own nature."

"호수는 지구의 눈이다.

그 눈을 들여다볼 때,

우리는 자기 존재의 깊이를 비로소 측정할 수 있다."

🪨 한 걸음 더 다가가기

소로는 자연을 통해 사라지는 것들의 아름다움을
배우게 되었다.
낙엽이 지고, 꽃이 시들고, 바람이 지나가듯.
삶 역시 그렇게 흘러가고
그 안에서 우리는 더 깊어지는 것이다.

우리는 무언가가 사라지는 것을 두려워한다.
관계가 끝나는 일, 계절이 바뀌는 일,
사랑이 식는 일, 나이가 드는 일.
하지만 소로는 말한다.

"자연은 언제나 사라짐 속에서 새로운 삶을 준비하고 있다."

그는 낙엽이 떨어지는 것을 보며
죽음을 떠올리지 않았다.
오히려 그 안에서 **다음 생을 위한 공간이 열리는
장면**을 보았다.
소멸은 끝이 아니라 **또 다른 생의 순환**이었다.

자연은 붙잡지 않는다.
꽃은 피고 지고,
잎은 나고 떨어지고,
물은 흐르고 마르고 다시 채워진다.

소로는 그 흐름에 자신을 맡겼다.
**변화를 두려워하지 않고,
사라지는 것에 저항하지 않으며,
순환을 받아들이는 태도야말로
삶을 온전히 살아가는 방식**이라고 믿었다.

📜 월든 속으로 한 걸음 더

"The life in us is like the water in the river. It may rise this year higher than man has ever known it, and flood the parched uplands; even this may be the eventful year, which will drown out all our muskrats."

우리 안의 생명은 강물과 같다.

어떤 해는 그 강물이 전에 없이 불어나 말라붙은 고지대까지 적시기도 하고, 때로는 모든 것을 쓸어가는 범람이 되기도 한다.

그 한 해가, 인생의 전환점이 될지도 모른다.

💡 소로의 말에 머물며

삶은 흐르는 물과 같다.

가끔은 넘치고, 가끔은 마르지만,

결국에는 흐르고, 흘러서 길을 만든다.

소로는 삶의 변화와 움직임,

그리고 예측할 수 없는 사건들까지도
자연의 일부로 받아들였다.

그는 말한다.
"모든 일은 지나간다.
그러나 그것이 지나간 자리에
나는 어떤 흔적을 남길 것인가?"

사라짐은 두려움이 아니라
깊어짐이었다.
그에게 자연은 그렇게,
소멸과 재생을 함께 품은 스승이었다.

💬 지금 당신에게 묻는다면

끝이 아닌, 흐름으로서의 변화를 받아들이는가?

소로는 모든 소멸을 다음 계절의 일부로 보았다.

무언가를 잃었을 때, 그것을 어떻게 기억하는가?

그는 사라짐을 부정하지 않고 고요히 안아주었다.

무엇을 붙잡고 있고, 무엇을 흘려보내야 할까?

소로는 말한다.

"자연은 늘 잃으면서도 조금도 부족해하지 않는다."

🌿 소로에게 배우는 작은 용기

하루에 한 번, 지금 내게서 사라지고 있는 것을 떠올려보기

감정, 관계, 계절, 시간.

그것들은 무엇을 남기고 떠나는가?

'흘려보내기'라는 단어를 마음에 붙여보기

붙잡는 삶보다 흘려보내는 삶이 더 자유로울 수 있다.

자연 속에서 사라지는 장면을 천천히 바라보기

낙엽 하나, 구름 하나, 물결 하나.

그 사라짐이 삶을 얼마나 깊게 만드는지 느껴보자.

✦ 내 안에 남겨진 한 문장

"모든 것은 사라지기에 그 존재가 더욱 빛난다."

PART 20

내가 상상한 삶을 진짜로 살아보았다
(나를 찾은 자만이, 다시 길 위에 설 수 있다)

📖 숲에서 들려주는 한 문장

"I left the woods for as good a reason as I went there. Perhaps it seemed to me that I had several more lives to live, and could not spare any more time for that one."

"내가 숲으로 들어간 것과 마찬가지로, 나는 다시 숲을 떠날 이유를 가졌다. 아마도 나는 살아야 할 다른 삶들이 더 남아 있다고 느꼈고, 이 하나의 삶에만 시간을 쏟을 수는 없었다."

🗣 한 걸음 더 다가가기

소로는 숲에서 고요함을 배웠고, 자신을 마주하는 법을 배웠다. 그리고 마침내 그는 말했다.

"이제, 다시 세상으로 나아갈 때가 되었다."

숲은 도피처가 아니었다. 그는 거기서 **진짜 나를 찾았고, 이제 그 나로 세상을 다시 살아내기 위해 걸어나갔다.**

소로는 자연 속에서 많은 것을 배웠다.

단순함, 고요, 깊이, 자유, 순환…

그러나 그는 그곳에 영원히 머물지 않았다.

삶은 배움 이후, 다시 나아가는 것이기에.

그는 말한다.

"살아야 할 삶들이 더 남아 있었다."

월든 호숫가의 시간은 끝났지만,

그의 내면에는 더 많은 삶이 기다리고 있었고,

그 삶을 향해 다시 길을 내야 했다.

우리는 종종 쉼의 공간에 머무르고 싶어진다.

하지만 소로는 쉼을 끝맺음이 아닌

더 깊이 나아가기 위한 시작으로 삼았다.

그는 고요에서 배운 감각을 가슴에 담고,

세상 속으로 다시 걸어 나갔다.

삶이란 결국,

고요 속에서 나를 찾고,

그 나로 세상을 살아내는 일이니까.

📜 월든 속으로 한 걸음 더

"I learned this, at least, by my experiment; that if one advances confidently in the direction of his dreams, and endeavors to live the life which he has imagined, he will meet with a success unexpected in common hours."

나는 적어도 이 한 가지는 내 실험을 통해 배웠다.
자신의 꿈을 향해 확신을 가지고 나아가고, 자신이 상상한 삶을 살아가려 노력하는 사람은 평범한 순간 속에서도 뜻밖의 성공을 만나게 된다는 것이다.

💡 소로의 말에 머물며

소로는 자연 속에서 자신을 시험했고,
그 실험 끝에 한 가지 확신을 얻게 되었다.
삶은 상상할 수 있는 만큼 열리고,
용기 낼 수 있는 만큼 펼쳐진다는 것.
그는 말했다.

"나는 내가 상상한 삶을 진짜로 살아보았다."

그 말은 우리에게 묻는다.

"당신은 지금 어떤 삶을 상상하고 있는가?

그리고 그 삶에 한 걸음 다가가고 있는가?"

〰️ 지금 당신에게 묻는다면

스스로가 원하는 삶의 방향을 알고 있는가?

소로는 외부의 지도가 아니라

자기 안의 나침반을 따랐다.

지금의 삶은, 내가 꿈꿨던 삶과 얼마나 가까운가?

그는 말한다.

"상상하지 않으면, 삶은 늘 제자리다."

다시, 나답게 살기 위한 길을 내고 있는가?

소로는 오두막을 떠날 때

새로운 삶을 향한 발걸음을 내디뎠다.

🌿 소로에게 배우는 작은 용기

내가 '살고 싶은 삶'을 한 문장으로 써보기
그 문장이 지금 삶과 어떻게 다른지 조용히 바라본다.

지금 당신에게 꼭 필요한 '작은 변화' 한 가지
실천해보기
소로의 실험은 거창하지 않았다. 다만 '지금,
여기서' 시작되었을 뿐이다.

마음속 고요에서 출발해, 삶 속 실천으로 옮겨보기
그는 머무는 데 그치지 않았다. 고요를 품고 다시
길을 만들었다.

✦ 내 안에 남겨진 한 문장

"내가 상상한 삶을 진짜로 살아보았다."

맺으며

숲을 떠났지만, 숲은 내 안에 남았다

소로는 월든 호숫가를 떠났다.
하지만 그가 떠난 건 단지 공간으로서의 숲이지,
삶의 태도로서의 숲은 오히려 그 안에 더 단단히
자리 잡았다.

단순하게 사는 법.
고요하게 바라보는 법.
깨어 있는 마음으로 하루를 맞이하는 법.
그리고 삶을 사랑하면서도
놓아야 할 것을 놓을 줄 아는 법.

이 모든 것들은
숲에서 살았기 때문에 알게 된 것이 아니라,
그저 한 번이라도 진지하게 살아보려 했기 때문에
얻을 수 있었던 것들이다.

소로의 삶은 정답이 아니었다.
오히려 그는
삶의 질문을 있는 그대로 껴안는 사람이었다.

그 물음 속에서 그는 스스로를 실험했고,

그 실험 끝에서 삶을 더 조용히, 더 깊이

그리고 더 '나답게' 살아가는 길을 찾아냈다.

우리는 월든의 숲으로 들어갈 수는 없지만,

우리 각자의 내면에 월든 하나쯤은 만들 수 있다.

그 숲은

하루 10분의 침묵 속일 수도 있고,

아무도 없는 산책길일 수도 있으며,

잠들기 전 스스로에게 던지는 질문 하나일 수도 있다.

그 숲에서 우리는

다시 나를 만날 것이고,

다시 삶을 만날 것이며,

그 삶이 꽤 괜찮았다는 걸

조용히 고개 끄덕이며 느끼게 될 것이다.

숲을 떠났지만,

숲은 내 안에 남았다.

그것이면, 충분하다.